Mael Cedric Kessedou

Quelle politique de protection sociale en faveur des retraités

Mael Cedric Kessedou

Quelle politique de protection sociale en faveur des retraités

Analyses et propositions pour améliorer les conditions de vie des personnes du 3ème age et assainir le régime de pension

Éditions universitaires européennes

Impressum / Mentions légales
Bibliografische Information der Deutschen Nationalbibliothek: Die Deutsche Nationalbibliothek verzeichnet diese Publikation in der Deutschen Nationalbibliografie; detaillierte bibliografische Daten sind im Internet über http://dnb.d-nb.de abrufbar.
Alle in diesem Buch genannten Marken und Produktnamen unterliegen warenzeichen-, marken- oder patentrechtlichem Schutz bzw. sind Warenzeichen oder eingetragene Warenzeichen der jeweiligen Inhaber. Die Wiedergabe von Marken, Produktnamen, Gebrauchsnamen, Handelsnamen, Warenbezeichnungen u.s.w. in diesem Werk berechtigt auch ohne besondere Kennzeichnung nicht zu der Annahme, dass solche Namen im Sinne der Warenzeichen- und Markenschutzgesetzgebung als frei zu betrachten wären und daher von jedermann benutzt werden dürften.

Information bibliographique publiée par la Deutsche Nationalbibliothek: La Deutsche Nationalbibliothek inscrit cette publication à la Deutsche Nationalbibliografie; des données bibliographiques détaillées sont disponibles sur internet à l'adresse http://dnb.d-nb.de.
Toutes marques et noms de produits mentionnés dans ce livre demeurent sous la protection des marques, des marques déposées et des brevets, et sont des marques ou des marques déposées de leurs détenteurs respectifs. L'utilisation des marques, noms de produits, noms communs, noms commerciaux, descriptions de produits, etc, même sans qu'ils soient mentionnés de façon particulière dans ce livre ne signifie en aucune façon que ces noms peuvent être utilisés sans restriction à l'égard de la législation pour la protection des marques et des marques déposées et pourraient donc être utilisés par quiconque.

Coverbild / Photo de couverture: www.ingimage.com

Verlag / Editeur:
Éditions universitaires européennes
ist ein Imprint der / est une marque déposée de
OmniScriptum GmbH & Co. KG
Heinrich-Böcking-Str. 6-8, 66121 Saarbrücken, Deutschland / Allemagne
Email: info@editions-ue.com

Herstellung: siehe letzte Seite /
Impression: voir la dernière page
ISBN: 978-3-8416-6048-0

Copyright / Droit d'auteur © 2015 OmniScriptum GmbH & Co. KG
Alle Rechte vorbehalten. / Tous droits réservés. Saarbrücken 2015

Licence Professionnelle Marketing des Produits Financiers et d'Assurance

CGRAE

QUELLE POLITIQUE DE PROTECTION SOCIALE EN FAVEUR DES RETRAITES DU SECTEUR PUBLIC EN CÔTE D'IVOIRE ?

M. KESSEDOU MAEL CEDRIC

Quelle politique de protection sociale en faveur des retraités du secteur public en Côte d'Ivoire ?

SOMMAIRE

Remerciements...P. 4

Introduction générale..P. 5

    I.   Présentation de la structure d'accueil..P. 9

        I-1 Contexte du choix de la mission de stage........................P. 9

        I-2 Description de la CGRAE..P. 10

            I-2-1 Historique..P. 10

            I-2-2 Missions et objectifs de la CGRAE................P. 11

            I-2-3 L'organisation générale de la CGRAE.......... P. 12

            I-2-4 Les activités de la CGRAE............................P. 17

        II- Etats des lieux. P.18

        II-1 Situation actuelle des fonctionnaires à la retraite..........P. 18

        II-2 Aperçu de la politique de protection sociale en

        faveur des retraités du secteur public......................................P. 21

            II-2-1 L'assurance sociale....................................P. 21

            II-2-2 L'assistance publique................................P. 32

II-3 Les principaux chiffres de la caisse..P.34

II-3-1 Les populations couvertes..P. 34

II-3-2 Les données financières...P. 40

III- Propositions pour une politique de protection sociale

renforcée en faveur des retraités du secteur public............................P. 43

III-1 Propositions au niveau de l'assurance sociale et de l'assistance

publique ....P. 43

III-1-1 Au plan assurantiel..P. 43

III-1-2 Au plan de l'assistance publique..................P. 44

III-2 Recommandations pour un régime de pensions

plus efficace...P. 46

III-2-1 Propositions de modifications ....P. 47

III-2-2 Scénario de réforme et taux de

cotisations recommandés...P. 48

Conclusion générale..P. 51

Bibliographie...P. 52

Glossaire..P. 53

Quelle politique de protection sociale en faveur des retraités du secteur public en Côte d'Ivoire ?

REMERCIEMENTS

Je tiens à remercier, dans un premier temps, toute l'équipe pédagogique d'ISMANT et les intervenants professionnels responsables de la formation marketing des produits financiers et d'assurance.

Je tiens à témoigner toute ma reconnaissance aux personnes suivantes, pour l'expérience enrichissante et pleine d'intérêt qu'elles m'ont fait vivre durant ces deux mois au sein de la CGRAE.

M. NIANKAN Eugène, Directeur de la Planification et du Développement de la CGRAE, pour m'avoir permis d'effectuer mon stage au sein du département étude, méthode et organisation. Aussi, lui suis-je très reconnaissant pour son accueil et la confiance qu'il m'a accordée dès mon arrivée dans l'entreprise.

M. GUEU Yra, responsable du département étude, méthode et organisation, mon tuteur professionnel, pour m'avoir intégré rapidement au sein de l'entreprise et pour m'avoir accordé toute sa confiance ; pour le temps qu'il ma consacré tout au long de mon séjour au sein de l'entreprise, sachant répondre à toutes mes interrogations ; sans oublier sa participation au cheminement de ce mémoire.

Mesdames Tohou, Mobio, Veh ainsi que l'ensemble du personnel de la CGRAE pour leur accueil sympathique et leur coopération professionnelle tout au long de ces deux mois.

Quelle politique de protection sociale en faveur des retraités du secteur public en Côte d'Ivoire ?

INTRODUCTION GENERALE

Le besoin de protection sociale ne date pas de nos jours. Certes, les hommes ont un goût du risque, mais celui-ci ne les empêche pas d'avoir besoin, pour eux et pour leur famille, d'une protection minimale face aux aléas de la vie. Cette protection a pu, dans les sociétés traditionnelles, être partiellement assurée par les familles étendues, des entraides locales, professionnelles ou religieuses. Les mutations sociales ne permettent plus aujourd'hui, à ces formes anciennes, dont l'efficacité a toujours été imparfaite, de garantir une sécurité suffisante.

Définie comme l'ensemble des actions mise en œuvre par les pouvoirs publics (Etat, Collectivités décentralisées, Institutions…), en vue d'améliorer les conditions d'existence d'une population cible, la protection sociale constitue, de nos jours un problème de société.

En effet, l'évolution démographique pose un problème aux différents régimes de pension en vigueur dans le monde. Avec la hausse de l'espérance de vie et la baisse de la natalité, la proportion de retraités par rapport à la population active augmente plus rapidement. Les actifs étant les seuls productifs, la part du produit allant aux retraités va augmenter et celle des actifs va diminuer. D'où la mise en place, dans pratiquement tous les pays, de règlements et de systèmes de retraite.

Les systèmes de retraite sont généralement fondés sur deux principes : la « capitalisation » et « la répartition », que chaque pays utilise dans des proportions différentes.

Le système par capitalisation se fait par le biais de l'achat-vente de titres. Il a été mis en place pour limiter la liberté à chacun d'acheter les titres qu'il veut, en obligeant chacun à préparer sa retraite : comme pour la répartition, il suppose un certain niveau de contraintes, avec aussi bien des cotisations et des prestations régulières et, très généralement, de nos jours, obligatoires[1]. L'intérêt de la capitalisation des cotisations versées au compte de l'assuré est qu'il permet l'accumulation des intérêts conférant une rentabilité particulière au système. Elle assure, par ailleurs, à chaque assuré une certaine sécurité : celui-ci dispose sur sa réserve, d'une créance exposée aux aléas monétaires, mais à l'abri de tout aléa

---

[1] Bernard GUERRIEN. <u>Dictionnaire d'analyse économique</u>. Paris : la découverte, 2002, p. 452.

Quelle politique de protection sociale en faveur des retraités du secteur public en Côte d'Ivoire ?

juridique. Enfin et surtout, l'épargne forcée à laquelle elle correspond permet des investissements des plus utiles pour l'économie des pays. Toutefois, la technique de la capitalisation renferme des insuffisances. Elle est vulnérable aux dévaluations monétaires : la monnaie se dépréciant, l'assuré ne retrouve plus, de fait, sous forme de prestations, ce qu'il a versé pendant sa vie active. Il est également à noter que ce mécanisme, expression d'une optique individualiste, ne permet guère de faire participer les personnes protégées à l'évolution du niveau de vie de la communauté.

Le système par répartition suppose des cotisations obligatoires payées par les actifs – ou leurs employeurs – en fonction de leurs revenus, cotisations essentiellement utilisées pour financer les retraites du moment, selon des règles données. Le mode de cotisations et des prestations peut varier dans le temps : il est souvent établi par une instance extra-économique (administrative ou directement politique). Il y a, dans ce système, à tout moment, un rapport étroit entre la masse des cotisations et celle des retraites versées à ce même moment[2]. Le principal mérite de ce système est d'écarter les risques de très forte dépréciation monétaire sur une longue période puisque les sommes prélevées sont immédiatement redistribuées. Il présente également un important élément de souplesse par la possibilité de variation des taux de cotisation qui peuvent être fixée à posteriori ou à priori. En revanche, ce régime dépend directement de l'évolution naturelle ou non du groupe intéressé ; il se crée un rapport cotisants/bénéficiaires qui peut devenir négatif et entrainer à plus ou moins long terme des difficultés de financement.

En Côte d'Ivoire, le régime de pension en vigueur est le régime par répartition. La politique de protection sociale ivoirienne est conduite par trois institutions sœurs que sont :

- La Caisse Générale de Retraite des Agents de l'Etat (CGRAE) - dont le rôle principal est de gérer le régime de retraite des fonctionnaires - a une mission de service public qui se résume en deux points essentiels :
    - ✓ Percevoir les cotisations et subventions destinées au financement des pensions de retraite et autres prestations et assurer la gestion financière des excédents de cotisations ;

---

[2] Bernard GUERRIEN. <u>Dictionnaire d'analyse économique</u>. Paris : la découverte, 2002, p. 452.

Quelle politique de protection sociale en faveur des retraités du secteur public en Côte d'Ivoire ?

- ✓ Effectuer diverses prestations en faveur des bénéficiaires désignés ;
- La Mutuelle Générale des Fonctionnaires et agents de l'Etat de Côte d'Ivoire (MUGEFCI) dont l'objet est de contribuer à l'amélioration des conditions de vie de ses membres (les fonctionnaires et agents de l'Etat, les bénéficiaires d'une pension ou d'une allocation viagère de réversion de l'Etat, les enfants mineurs orphelins bénéficiaires d'une pension ou d'une allocation viagère de réversion de l'Etat) ainsi que de leur famille, au moyen d'un système d'entraide et de solidarité tendant à réparer des risques sociaux ;
- La Caisse Nationale de Prévoyance Sociale (CNPS) a une mission de service public qui a pour but de fournir des prestations à l'effet de pallier les conséquences financières de certains risques ou de certaines situations en matière d'accident du travail, de maladie professionnelle, de maternité, de retraite, d'invalidité et d'allocations familiales relatif aux travailleurs du secteur privé.

Dans le cadre de notre étude, notre attention se portera essentiellement sur la CGRAE dont le régime de pensions connait des difficultés d'ordre structurel. Les difficultés du régime de retraite ivoirien résultent de deux phénomènes.

D'une part, les droits accumulés par les assurés arrivent à leur niveau le plus élevé car les fonctionnaires qui partent aujourd'hui en retraite ont des carrières complètes et ont donc accumulé des droits importants. D'autre part, le pays assiste à l'augmentation accélérée du nombre de retraités, du fait à la fois d'un "papy boom" (arrivée à la retraite des générations des années 60/70) et d'un allongement de l'espérance de vie au départ à la retraite[3].

Pour toutes ces raisons, la CGRAE n'arrive plus à fournir des prestations sociales à la hauteur des attentes des retraités si bien qu'ils sont confrontés à des difficultés économiques, sociales et psychologiques.

Face à cette situation, on peut se poser les questions suivantes :

- comment améliorer les conditions de vie des fonctionnaires à la retraite ?

---

[3] ACTUARIA. Etude actuarielle de la Caisse Générale de Retraite des Agents de l'Etat. Paris : 9 avril 2008, p. 5.

- quelles réformes nécessaires convient-il d'adopter pour corriger le dysfonctionnement actuel du régime de retraite?

Ces questions seront traitées à travers le thème "Quelle politique de protection sociale en faveur des retraités du secteur public en Côte d'Ivoire ?"

A travers cette étude, nous visons plusieurs objectifs qui se subdivisent comme suit :

- objectif principal : Améliorer les conditions de vie des retraités du secteur public en Côte d'Ivoire.
- objectif secondaire : Assainir le régime de pensions en réduisant les dépenses et en augmentant les revenus.

La méthode de travail adoptée comprend 3 phases :

1. La collecte des informations

Elle se déroulera en deux étapes. Il s'agira d'une enquête à partir d'observations et d'entretiens auprès des retraités et pensionnés de la CGRAE. Ensuite, nous ferons des recherches documentaires. A cet effet, la documentation disponible dans les archives de la CGRAE nous sera d'un apport capital.

2. L'analyse critique des informations

A travers les informations recueillies dans la phase précédente nous allons d'abord évaluer l'impact de la politique de protection sociale sur les retraités du secteur public. Ensuite, nous donnerons un aperçu de la politique sociale et les résultats de nos entretiens avec les pensionnés de la CGRAE. Enfin, nous évoquerons les difficultés de la caisse de retraite.

3. Les propositions de solutions

A la lumière de nos analyses, nous exposerons des propositions en vue de la construction d'une nouvelle politique de protection sociale et en vue de l'assainissement du régime de retraite.

Quelle politique de protection sociale en faveur des retraités du secteur public en Côte d'Ivoire ?

I- Présentation de la CGRAE

Introduction

La Caisse Générale de Retraite des Agents de l'Etat (CGRAE) créée le 5 avril 1977 a une mission de service public. Elle est au service des retraités du secteur public ivoirien.

En vue d'une présentation excellente de notre entreprise d'accueil, nous évoquerons premièrement les raisons du choix de notre thème de stage. Deuxièmement, nous nous emploierons à cerner tous les aspects de l'entreprise d'un point de vue historique, organisationnel et managérial.

I-1 Contexte du choix de la mission de stage

La caisse de retraite est une institution financière, publique ou privée qui reçoit des cotisations, à titre obligatoire ou facultatif, qui servent à alimenter, des versements de retraite des salariés ou de travailleurs indépendants, en utilisant un procédé de capitalisation ou de répartition. On parle de caisse primaire pour le régime de base et de caisse complémentaire pour les prestations au-delà de ce régime. La CGRAE est la seule caisse de retraite ivoirienne.

L'intérêt que nous portons à l'assurance sociale nous a conduit à choisir cette institution pour effectuer un stage de deux mois afin d'appréhender les difficultés inhérentes à la politique de sécurité sociale ivoirienne en vue de formuler des propositions dans l'optique d'améliorer la politique sociale à l'égard des retraités du secteur public en Côte d'Ivoire.

Les 23, 24, et 25 juillet 2008, s'est tenu à Grand Bassam, ville située à une trentaine de kilomètres à l'est d'Abidjan (capitale économique de la Côte d'Ivoire), un séminaire interministériel sur la problématique de la retraite en Côte d'Ivoire avec pour thème « le fonctionnaire face à la retraite ». En effet, la caisse rencontre plusieurs difficultés dans l'exercice de ses missions en raison notamment, des retards importants dans la liquidation et la transmission des dossiers de retraite par le Ministère de la Fonction Publique et de l'Emploi. A cela, il faut ajouter, le fort accroissement du nombre de retraités et des besoins grandissants des assurés sociaux. Face à ces problèmes et compte tenu de l'importance de la mission qui lui est confiée, la CGRAE a entrepris une série d'actions visant à l'amélioration quantitative de ses prestations ; ce processus devant aboutir à la formulation d'un ensemble de propositions d'aide à la décision politique en vue de l'amélioration des conditions de vie des fonctionnaires et des agents de l'Etat à la retraite. C'est dans cette optique que s'inscrit le choix de notre thème de mémoire : « Quelle politique de protection sociale en faveur des retraités du secteur publique en Côte d'Ivoire ». L'objectif général de notre étude est d'améliorer les conditions de vie des fonctionnaires à la retraite et d'assainir le régime de retraite qui s'applique aux travailleurs du secteur public.

I-2 Description de l'entreprise

I-2-1 Historique

Le principe des caisses de retraite instauré par l'administration coloniale et fondé sur le régime dit obligatoire et par répartition a été maintenu par l'Etat ivoirien dès l'accession du pays à l'indépendance. Ainsi, en 1962, une loi institue et organise le régime des pensions civiles en Côte d'ivoire et dès 1964 l'activité est confiée au Trésor public sous l'autorité du Ministère des affaires économiques et du plan. L'accroissement de l'activité des pensions civiles amène à la création d'une administration spécifique le 5 avril 1977 sous la forme d'un Etablissement public administratif relevant respectivement des ministères de l'Economie et des finances, du budget, de la fonction publique, de la défense et du service publique. Dans un souci d'efficacité, elle a connu plusieurs réorganisations dont les principales sont le décret n° 92-47 du 29 janvier 1992 qui érige la CGRAE en Etablissement Public à Caractère Industriel et Commercial (EPIC) et le décret n° 97-674 du 3 décembre 1997 qui confère à la CGRAE le statut de société d'Etat au capital de 300 000 000 FCFA, détenu à 100 % par l'Etat ivoirien.

Cette nouvelle organisation lui accorde plus d'autonomie dans l'action pour répondre aux aspirations des retraités.

Le régime ivoirien de retraite repose sur une logique de tutelle exercée par l'Etat qui prend l'engagement, dans le cadre d'une solidarité nationale, de veiller à ce que chacun de ses agents à la retraite bénéficie d'un minimum de revenu. Cet engagement de l'Etat ivoirien est assorti d'une contrepartie pour les agents qui ont l'obligation de contribuer au financement du système en leur qualité de bénéficiaires potentiels. Précédemment placée sous l'unique tutelle du Ministère chargé de l'Economie et des Finances, elle est, au lendemain de l'avènement de la deuxième République, le 26 octobre 2000, placée sous la double tutelle du Ministère de la solidarité, de la Sécurité Sociale et des Handicapés (tutelle technique) et du Ministère de l'Economie et des Finances (tutelle financière).

I-2-2 Missions et objectifs de la CGRAE

> Missions

La Caisse Générale de Retraite des Agents de l'Etat de Côte d'Ivoire accomplit une mission de service public qui s'articule sur la perception des cotisations et des subventions prélevées sur les personnels de l'Etat en vue d'assurer un financement régulier des pensions de retraite mais également pour offrir à ses bénéficiaires diverses prestations autorisées par la gestion des excédents de cotisations. La CGRAE effectue, dans ce cadre, la collecte de cotisations des personnels de structures qui lui sont affiliées ainsi que la liquidation et le paiement aux bénéficiaires des pensions de retraite, des allocations viagères, des pensions de réversion, des rentes d'invalidité, des capitaux décès ... .

> Objectifs

La CGRAE a pour objectifs :

- le recouvrement des cotisations au titre de l'assurance vieillesse ;

- la liquidation et le paiement des pensions de retraite, des allocations viagères ou des pécules, des rentes d'invalidité ;

- la liquidation et le paiement des pensions des veuves et des pensions d'orphelins, en cas de décès du titulaire ;

- le versement des capitaux décès, en cas de décès d'un agent de l'Etat en activité ;

- les versements pour charge de famille et les majorations pour famille nombreuse ;

- le remboursement de cotisations, part employé (6 %), aux agents venant à quitter le service avant de pouvoir obtenir une pension de retraite.

I-2-3 L'organisation générale de la CGRAE

Conformément à son statut de Société d'Etat, l'organisation de la CGRAE-SODE se présente comme suit:

- un Conseil d'Administration composé de douze (12) membres (nommés par décret pris en conseil des ministres) qui exerce de façon continue leur autorité et leur contrôle sur les activités de la Société, et qui définit la politique générale de l'entreprise. Son président actuel est M. Fagnidi Djédjé Gustave. Le conseil supervise aussi les activités de la direction générale ;
- une direction générale qui veille à la mise en œuvre des délibérations du conseil d'Administration. Son président actuel est M. Jean Jacques AHO. La direction a aussi en charge la gestion courante de la Société et coordonne les travaux de ses cinq directions, qui sont :
    - la direction des prestations ;
    - la direction financière et comptable ;
    - la direction de l'administration générale et des ressources humaines ;
    - la direction des systèmes d'informations ;
    - la direction de la planification et du développement.

La CGRAE basée à Abidjan compte en son sein près de 150 agents repartis de la façon suivante :

- 45 cadres
- 58 agents de maîtrise
- 47 employés

La présentation de l'organisation générale de la CGRAE débutera par l'organigramme structurel de l'entreprise d'accueil et se terminera par les attributions de chaque direction que compte la CGRAE.

Organigramme structurel de la CGRAE

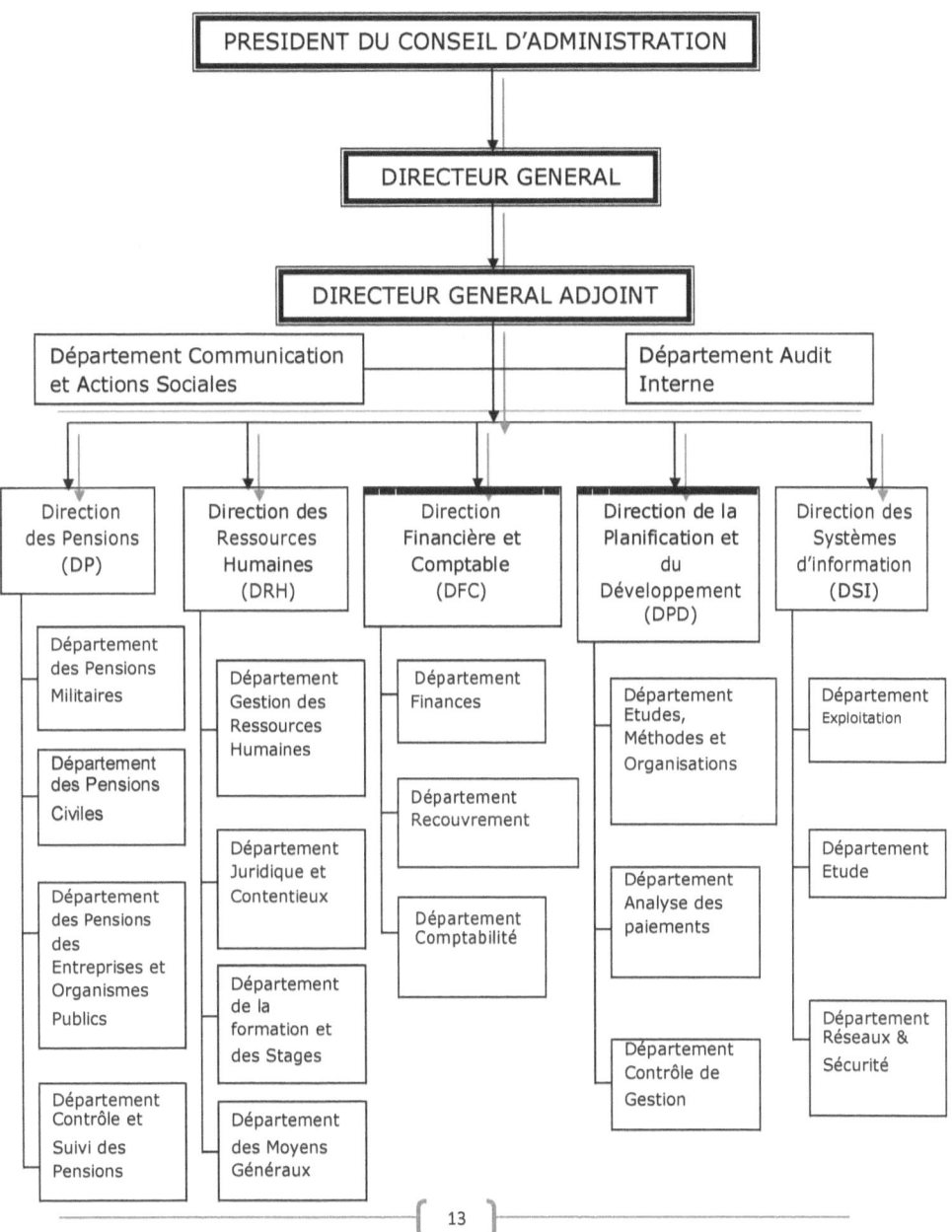

> ## La Direction des Prestation (DP)

Elle a en charge :

- la réception des dossiers en provenance du ministère de la fonction publique pour les fonctionnaires exerçant dans l'Administration publique, dont les droits sont liquidés par le Ministre de la fonction publique ;
- la réception des dossiers en provenance du Ministère de la défense et de la sécurité pour les militaires, gendarmes et les policiers, dont les droits sont liquidés par la CGRAE ;
- la réception des dossiers en provenance des directions des ressources humaines des organismes affiliés, pour les fonctionnaires et agents temporaires exerçant dans les organismes affiliés, dont les droits sont liquidés par la CGRAE ;
- la liquidation des droits des travailleurs et de leurs ayants cause ;
- le paiement des droits des travailleurs et de leurs ayants cause ;
- le paiement des droits de tous les bénéficiaires et le suivi des prestations en cours de paiement ;
- la gestion des contentieux liés aux prestations payées.

Le directeur des prestations est M. Emile ZEDI.

> ## Direction des systèmes d'informations

Cette direction est chargée du suivie de tous les utilisateurs de l'outil informatique, de l'exploitation et du développement des logiciels, de la maintenance du matériel informatique et téléphonique de la CGRAE.

Le directeur des systèmes d'informations coordonne toutes les activités au niveau de la direction, cette direction comprend trois départements :

- un département d'exploitation qui veille sur la correction des dossiers des pensionnaires jusqu'à l'édition des bulletins de pension ;
- un département réseaux et sécurités qui s'occupe du bon fonctionnement du matériel réseau, de sa sécurité et de la maintenance de celui-ci ;
- un département étude.

Le directeur actuel de la direction des systèmes d'informations est M. YAO Randolphe.

> ## La Direction Financière et Comptable (DFC)

Elle est chargée :

- de la mobilisation des ressources financières destinées à permettre à la CGRAE d'assurer ses missions telles que définies dans son objet social, notamment le paiement des pensions et des différentes indemnités au profit des bénéficiaires et la gestion des excédents de cotisations ;
- de mettre à la disposition des tiers, toutes les informations financières et comptables permettant de suivre, dans le temps et dans l'espace, l'évolution de la CGRAE.

Le directeur financier est M. BEDA Yapi.

> ## La Direction de l'Administration Générale et des Ressources Humaines (DAGRH)

Elle est chargée de :

- gérer les ressources humaines et matérielles de l'entreprise ;
- mettre en œuvre la politique sociale et du développement humain de l'entreprise ;
- exécuter les achats nécessaires au fonctionnement de l'entreprise ;
- veiller à l'entretien et au bon fonctionnement du matériel de l'entreprise.

Le directeur des ressources humaines est M. BOHUI Paul Arnaud.

> ## La Direction de la Planification et du Développement (DPD)

Elle a pour mission :

- de mener des études actuarielles ;
- de concevoir des projets dans le court, moyen et long terme ;
- d'assurer l'adéquation entre les ressources et les dépenses aux fins de réaliser des programmes d'investissement de la société ;
- d'élaborer des tableaux de bord.

Le directeur de la planification et du développement est M. NIANKAN Konan Eugène.

La direction planification et développement étant ma direction hôte, je présenterai l'organigramme structurel de la direction et les attributions du département dans lequel j'ai effectué mon stage.

Organigramme structurel de la Direction de la Planification et du Développement

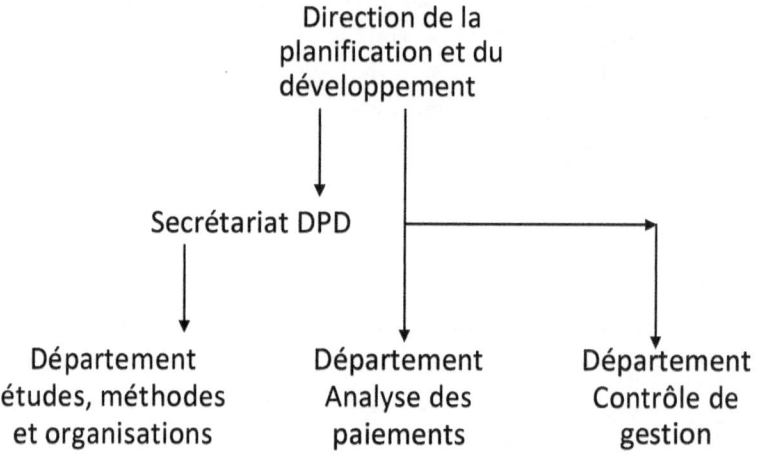

Les attributions du département études, méthodes et organisations

J'ai effectué mon stage au poste d'assistant du chargé d'études. Mais quelle est la mission du chargé d'étude et quelles sont les activités significatives de la fonction ?

Mission de la fonction : Le chef de département étude, méthode et organisation a pour mission d'élaborer et de conduire les projets à rentabilité économique, financière et sociale adaptés au développement et à l'évolution de l'entreprise.

Les activités significatives de la fonction :

- participer à la conduite de toutes les études de faisabilité (aspects techniques - financiers – économiques – sociaux…) relatives à tout projet initié par la CGRAE ;
- mener périodiquement de concert avec le chef de département, des études actuarielles pour une meilleure visibilité de l'actualité de la CGRAE ;
- effectuer les études de marché et de faisabilité pour la conception et la mise en œuvre de nouveaux produits de retraite ou d'assurance (retraite complémentaire par capitalisation).

I-2-4 Les activités de la CGRAE

Les activités principales de la CGRAE sont :

- la collecte de cotisations des structures affiliées ;
- la liquidation et le paiement des pensions de retraite, des allocations viagères et des rentes d'invalidité ;
- le versement des capitaux décès en cas de décès d'un agent de l'Etat en activité ;
- la liquidation et le paiement des pensions de veuves et des pensions d'orphelins en cas de décès du fonctionnaire en activité ou retraité ;
- le versement des prestations pour charge de famille (les majorations et allocations) ;
- le remboursement de cotisation de 6 % ;
- la gestion des excédents de ressources.

Conclusion partielle

La CGRAE est une institution financière publique qui reçoit des cotisations à titre obligatoire pour alimenter des versements de retraite au profit des fonctionnaires et agents de l'Etat (agents temporaires, militaires, policiers, ambassadeurs, ministres…). Mais quelle est la situation actuelle des fonctionnaires et agents de l'Etat à la retraite? Quelles sont les prestations actuelles fournies par le régime de retraite en vigueur ? Quelle est la santé financière actuelle du régime de retraite ?

II- Etat des lieux

Introduction

La retraite, d'un point de vue social et financier, est le fait de se retirer de la vie professionnelle sous certaines conditions d'âge, de durée d'exercice etc.

Ce retrait de la vie professionnelle donne droit de bénéficier d'une pension de vieillesse, appelée retraite.

En vue d'évaluer la situation économique, sociale et sanitaire des retraités du secteur public ainsi que les différentes prestations offertes par le système de protection sociale, nous mettrons d'abord en lumière la situation actuelle des retraités, ensuite nous présenterons l'ensemble des garanties et avantages sociaux institués pour fournir une aide aux retraités du secteur public. Enfin, nous évoquerons les difficultés actuelles du régime de retraite.

II-1 Situation actuelle des fonctionnaires à la retraite

L'évolution du système de protection sociale actuelle en Côte d'Ivoire, consiste à rechercher si les moyens (juridiques, administratifs ou financiers) mis en œuvre ont permis de produire les effets attendus, et d'atteindre les objectifs fixés. Pour ce faire nous évaluerons les impacts de la politique de protection sociale sur les retraités du secteur public.

A cet effet, nos estimations ont été faites sous les hypothèses suivantes :

- le seuil de pauvreté des estimations est : 183 450 F CFA (2002) comme seuil de pauvreté relative et 94 280 F CFA (2002) comme le seuil d'extrême pauvreté ;

- la totalité du revenu mensuel est supposée consommée, toutes choses étant égales par ailleurs ;

- le nombre d'enfants en charge et la situation matrimoniale ont permis de déterminer la taille des ménages et le revenu mensuel par tête ;

Est donc considéré comme relativement pauvre tout retraité du secteur public dont la pension est comprise entre 94 280 F CFA et 183 450 F CFA. Le non pauvre est celui dont le revenu mensuel est supérieur ou égal à 183 450 F CFA.

Ainsi le statut de pauvreté des assurés de la CGRAE, de 2004 à 2006, se présente comme suit :

Tableau n°1 : Statut de pauvreté des assurés de la CGRAE de 2004 à 2006

	2004	2005	2006
Retraités pauvres	5 253	10 355	11 828
Retraités non pauvres	48 959	47 490	50 531
TOTAL	54 212	57 845	62 359

Source : CGRAE/DEMO

Sur 54 212 assurés en 2004, l'effectif des retraités vivant dans la pauvreté se chiffre à 5 253 soit 9,69 % de l'ensemble des retraités assurés de la CGRAE.

Sur 57 845 assurés en 2005, l'effectif des retraités vivant dans la pauvreté se chiffre à

10 355 soit 17, 90 % de l'ensemble des assurés de la CGRAE.

En 2006, sur 62 359 assurés, l'effectif vivant dans la pauvreté se chiffre à 11 828. Les retraités confrontés à des problèmes économiques représentent en 2006 18,96 % de l'ensemble des assurés.

Le nombre de retraités accablés par des problèmes économiques, sociaux et psychologiques est en hausse au cours de ces trois dernières années. En effet, de 2004 à

2006, l'effectif des retraités vivant dans la pauvreté est passé de 5 253 à 11 828 soit une hausse de 125,16 %. Cette progression inquiétante de la pauvreté au sein des agents de l'Etat à la retraite montre que l'assurance sociale dans son fonctionnement actuel est loin de contribuer à la réduction de la pauvreté des retraités du secteur public.

Graphique n°1 : Répartition des retraités selon leur situation sociale de 2004 à 2006

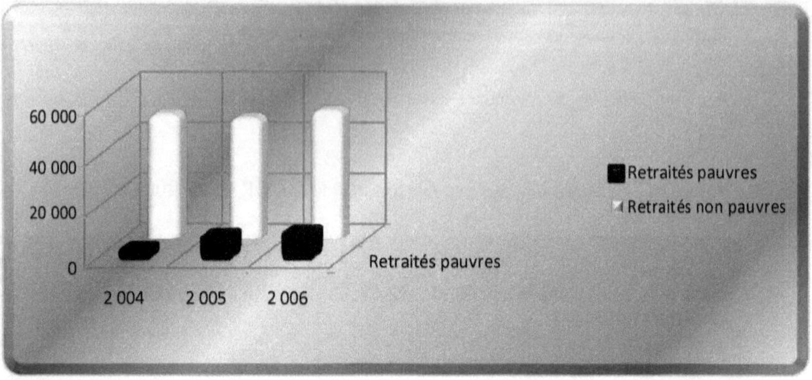

[Graphique en barres montrant les retraités pauvres et non pauvres de 2004 à 2006, avec une échelle de 0 à 60 000]

Source : CGRAE/DEMO

Les entretiens auprès des pensionnés de la CGRAE ont révélé que :

- la grande majorité des retraités n'arrive pas à faire face à leurs frais de santé et ne bénéficie pas d'une bonne prise en charge médicale ;
- la grande majorité des retraités ont un faible pouvoir d'achat ;
- il existe une absence de politique d'accueil et d'écoute des retraités et autres personnes du troisième âge, dans nos structures sanitaires publiques ;
- il existe une absence de structures de santé, spécialisées dans le traitement des maladies liées à la vieillesse ;
- de nombreux retraités sont marginalisés, l'oisiveté et le stress de l'ennui sont le lot quotidien des ex-agents de l'Etat à la retraite ;
- de nombreux retraités n'ont pas pu accéder à la propriété immobilière.

II-2 Aperçu de la politique de protection sociale en faveur des retraités du secteur public

La notion de « politique de protection sociale » ramène à un ensemble d'actions mises en œuvre par les pouvoirs publics (Etat, Collectivités décentralisées, Institutions…), en vue d'améliorer les conditions d'existence d'une population cible. En Côte d'Ivoire, la politique de protection sociale à l'endroit des retraités du secteur public est mise en œuvre par la CGRAE. En effet, la CGRAE gère un régime obligatoire des pensions (régime par répartition) qui s'applique exclusivement aux travailleurs du secteur public.

Les prestations offertes aux assurés de la CGRAE peuvent être regroupées en deux grandes catégories : les prestations au titre de l'assurance sociale et les prestations au titre de l'assistance publique.

II-2-1 L'assurance sociale

L'assurance sociale a pour objectif de prémunir les populations contre les risques sociaux, lesquels ont pour conséquence majeure, la perte de revenu des individus (charges de famille, chômage, maladie, vieillesse, accident du travail…). Les prestations sociales sont financées par des cotisations prélevées sur les salaires (assurance publique obligatoire à travers les caisses de sécurité sociale). Dans le cadre de notre étude nous mettrons en relief les prestations sociales destinées aux retraités du secteur public. Il convient de distinguer quatre types de prestations : *(i)* les pensions de retraite, *(ii)* les pensions de réversion et *(iii)* les prestations en cas d'accident de travail ou de maladies professionnelles et *(iv)* les prestations à paiement unique notamment le remboursement des cotisations 6%.

(i) ***Les pensions de retraite***

Il existe plusieurs types de pensions de retraite :

- la pension d'ancienneté ;
- la pension proportionnelle ;
- les allocations viagères ;
- la rente viagère ;
- la solde de réforme.

i-1 La pension d'ancienneté

i-1-1 La pension d'ancienneté des fonctionnaires civils

Pour bénéficier de la pension d'ancienneté des fonctionnaires civils trois conditions sont exigées :
- la condition d'âge : vous devez avoir atteint la limite d'âge statutaire de votre emploi, au moment de la cessation de vos fonctions. La limite d'âge de l'emploi se situe, selon des textes spécifiques, à : cinquante-cinq (55) ans, en général ; soixante (60) ans, pour les fonctionnaires de la catégorie A, échelle A3 à A7 ; soixante-cinq (65) ans, pour les magistrats et les professeurs d'université.
- la condition de durée de service : vous devez avoir accompli trente (30) ans de service effectifs, au moins.
- la condition de cotisation : Vous devez avoir cotisé à la CGRAE 18 % de votre traitement de base dont 6 % directement prélevés sur votre revenu et 12 % payés par votre employeur.

Le taux de vos annuités liquidables est fixé à 2 %. Le montant de votre pension, sans les accessoires, ne peut être supérieur à 80 % de votre traitement de base, au moment de votre départ à la retraite.

i-1-2 La pension d'ancienneté des militaires, gendarmes ou policiers

Pour avoir droit à la pension d'ancienneté des militaires, gendarmes ou policiers, vous devez remplir deux (2) conditions cumulatives, qui sont :

- la condition de durée de service : vous devez avoir effectué au moins vingt-cinq (25) années de services militaires effectifs et de services civils dûment validés[4]
- La condition de cotisation : vous devez avoir cotisé à la CGRAE 18 % de votre traitement de base dont 6 % directement prélevés sur votre revenu et 12 % payés par votre employeur.

---

[4] Article 113 de la loi n° 95-695 du 7 septembre 1995

Votre pension d'ancienneté est fixée, par annuité liquidable, à 2 % de votre solde de base. En aucun cas, à égalité d'ancienneté de service, votre pension de retraite ne peut être supérieure à votre solde de base[5].

i-2 *La pension proportionnelle*

i-2-1 *La pension proportionnelle des fonctionnaires civils*

Pour avoir droit à la pension proportionnelle des fonctionnaires civils, vous devez satisfaire :

- la condition de cotisation : vous devez avoir cotisé à la CGRAE 18 % de votre traitement de base dont 6 % directement prélevés sur votre revenu et 12 % payés par votre employeur ;
- la condition d'âge : votre droit à pension proportionnelle est acquis, sans condition de durée de service, lorsque vous atteignez la limite d'âge statutaire de votre emploi sans droit à pension d'ancienneté ;
- la condition de durée de service : votre droit à pension proportionnelle est acquis, sans condition d'âge, après quinze (15) ans de service ;
- la condition d'invalidité : votre droit à pension proportionnelle est acquis sans condition d'âge ni de durée de service, lorsque vous êtes admis à la retraite pour invalidité.

Le montant minimum de la pension proportionnelle des fonctionnaires civils est basée sur moins de 25 annuités ne peut être inférieur à 4 % du traitement de base afférent à l'indice minimum de votre emploi. Le montant maximum de la pension proportionnelle des fonctionnaires civils ne peut pas dépasser 80 % de votre traitement de base, au moment de votre départ à la retraite.

---

[5] Article 123 al. 3 loi n° 95-695 du 7 septembre 1995

i-2-2 *La pension proportionnelle des militaires, gendarmes ou policiers*

Pour bénéficier de la pension proportionnelle des militaires, gendarmes ou policiers, vous devez remplir deux conditions cumulatives, à savoir : la condition de durée de service et la condition de cotisation à la CGRAE.

La condition de durée de service : vous devez avoir effectué au moins quinze (15) années de services militaires effectifs et de services civils dûment validés[6].

La condition de cotisation : vous devez avoir cotisé à la CGRAE 18 % de votre traitement de base dont 6 % directement prélevés sur votre revenu et 12 % payés par votre employeur.

Votre pension proportionnelle ne peut être inférieure à :

90 % de celle du sergent, du maréchal des logis ou du second maître, en ce qui concerne le caporal chef ou le quartier maître de première classe ;

80 % de celle du sergent, du maréchal des logis ou du second maître, en ce qui concerne le caporal ou le quartier maître, le soldat ou le matelot[7].

Votre pension proportionnelle ne peut dépasser le montant de votre solde de base[8].

i-3 *Les allocations viagères*

Les allocations viagères sont des indemnités versées à des personnes ayant exercé certaines hautes fonctions de l'Etat[9].

i-3-1 *L'allocation viagère des personnalités*

Pour bénéficier de l'allocation viagère des personnalités, vous devez remplir deux conditions cumulatives : exercer une haute fonction de l'Etat et cotiser à la CGRAE.

Exercer certaines hautes fonctions de l'Etat : Vous devez avoir exercé au moins l'une des fonctions suivantes : président de la république, président d'institution, membre du gouvernement ou ministre.

---

[6] Confère article 114 al. 1 de la loi n° 95-695 du 7 septembre 1995, portant statut général des militaires et le régime général des pensions militaires

[7] Confère article 125 de la loi n° 95-695 du 7 septembre 1995, portant statut général des militaires et le régime général des pensions militaires.

[8] Confère article 123 al. 3 de la loi n° 95-695 du 7 septembre 1995.

[9] Mamadou YOU, Hélène DIARRA, Yapi BEDA, Eugène NIANKAN. Comment préparer sa retraite pour mieux la vivre. Abidjan : CGRAE, janvier 2005, p. 88.

Cotiser à la CGRAE : Vous devez avoir cotisé à la CGRAE 18 % de vos indemnités dont 6 % directement prélevés sur vos indemnités et 12 % payés par la présidence de la république.

Votre allocation viagère est basée sur les émoluments soumis à retenue pour pension d'un président de chambre à la cour suprême. Le taux de votre allocation viagère équivaut à 60 %, 90 %, 180 % des émoluments soumis à retenue pour pension d'un président de chambre à la cour suprême, si vous êtes respectivement un membre du gouvernement, un ancien président d'institution ou un ancien président de la république.

i-3-2 L'allocation viagère des agents temporaires

L'agent temporaire se définit comme un agent travaillant ou ayant travaillé pour le compte de l'Etat ou de ses démembrements sans avoir le statut de fonctionnaire. A la différence du fonctionnaire qui, à la retraite, perçoit une pension, l'agent temporaire, à la cessation de ses fonctions, perçoit une allocation viagère d'agent temporaire c'est-à-dire une somme d'argent qui lui est versée à vie par l'Etat pour rétribuer ses anciens services.

Pour bénéficier de l'allocation viagère des agents temporaires avec jouissance immédiate, vous devez remplir trois conditions cumulatives : la condition d'âge, la condition de durée de service et la condition de cotisation.

La condition d'âge : vous devez avoir cinquante-cinq (55) ans d'âge, au moment de la cessation de vos fonctions.

La condition de durée de service : vous devez avoir accompli quinze (15) ans de services effectifs, au moins.

La condition de cotisation : vous devez avoir cotisé à la CGRAE 18 % de votre traitement de base dont 6 % directement prélevés sur votre revenu et 12 % payés par votre employeur[10].

L'allocation viagère des agents temporaires est fixée à 2 % du salaire moyen des six derniers mois de service par année de service effectif. Le maximum d'annuités liquidables est fixé à trente[11].

---

[10] Confère article 2 de la loi n° 76-505 du 3 août 1976
[11] Confère article 5 de la loi n° 76-505 du 3 août 1976

i-4 *Les rentes viagères*

Les rentes viagères sont des allocations pécuniaires versées aux ayants cause (conjoints ou descendants) d'un fonctionnaire, agent de l'Etat, militaire, policier ou gendarme décédé en service[12].

i-4-1 *La rente viagère des fonctionnaires civils*

Vous êtes ayants cause (conjoints et descendants) d'un fonctionnaire civil décédé au cours d'un accident dans l'exercice de ses fonctions ou consécutif à l'aggravation de son incapacité permanente, vous avez droit à la rente viagère des fonctionnaires civils.

La rente viagère à verser aux ayants cause d'un fonctionnaire civil est calculée sur le taux d'incapacité de 100 % de la solde de base[13].

i-4-2 *La rente viagère des militaires, gendarmes ou policiers*

Vous êtes ayants cause (conjoint et descendants) d'un militaire, d'un gendarme ou d'un policier décédé en service commandé suite à un évènement survenu du fait ou à l'occasion du service, suite à l'aggravation d'une invalidité résultant d'un accident survenu du fait ou à l'occasion du service ou suite à l'aggravation d'une invalidité résultant d'une maladie contractée du fait ou à l'occasion du service[14] vous avez droit à la rente viagère des militaires, gendarmes ou policiers.

Le montant de la rente viagère à verser aux ayants cause des gendarmes, militaire ou policiers est fixé à 100 % de la solde afférente à l'indice moyen du grade détenu par le militaire, gendarme, ou policier décédé.

i-5 *La solde de reforme*

La solde de réforme est une allocation pécuniaire et personnelle versée au militaire, gendarme ou policier pendant une durée égale à celle des services effectivement accomplis[15].

---

[12] Mamadou YOU, Hélène DIARRA, Yapi BEDA, Eugène NIANKAN. Comment préparer sa retraite pour mieux la vivre. Abidjan : CGRAE, janvier 2005, p. 100.
[13] Confère article 11 du décret n° 68-82 du 9 février 1968
[14] Confère 147 al. 1 de la loi n° 95-695 du 7 septembre 1995
[15] Mamadou YOU, Hélène DIARRA, Yapi BEDA, Eugène NIANKAN. Comment préparer sa retraite pour mieux la vivre. Abidjan : CGRAE, janvier 2005, p. 101.

Pour bénéficier d'une solde de réforme, vous devez remplir trois conditions cumulatives : la condition de durée du service militaire, la condition de cotisation à la CGRAE et la condition de mise en position de réforme[16].

La condition de durée de service : vous devez avoir effectué un temps de service égal ou supérieur à cinq (5) années.

La condition de cotisation : vous devez avoir cotisé à la CGRAE 18 % de votre traitement de base dont 6 % directement prélevés sur votre revenu et 12 % payés par votre employeur.

Etre rendu à la vie civile : vous devez avoir été rendu à la vie civile sans droit à pension d'ancienneté ou à pension proportionnelle.

La solde de réforme est fixée au tiers de la solde de base. Elle est ramenée au quart lorsque le placement en position de réforme résulte de la révocation[17].

(ii) *Les pensions de réversion ou pension des ayants cause*

On distingue :

- la pension du conjoint survivant (veuf ou veuve) ;

- la pension des orphelins mineurs ;

- la pension des ascendants.

Généralement appelée pension de réversion, la pension des ayants cause est une allocation pécuniaire versée à la veuve et aux orphelins mineurs d'un fonctionnaire ou d'un militaire, policier ou gendarme décédé, soit à la retraite, soit en activité, qui remplissait les conditions d'acquisition d'une pension de retraite et éventuellement d'une rente viagère d'invalidité. Cette pension est viagère lorsqu'elle est payée au conjoint survivant. En revanche, la pension est dite temporaire lorsqu'elle est payée au conjoint survivant. En revanche, la pension est dite temporaire lorsqu'elle est payée aux orphelins mineurs. Dans ce cas, la pension est attribuée à l'enfant jusqu'à ce qu'il atteigne l'âge de vingt et un (21) ans révolus.

---

[16] Confère article 115 de la loi n° 95-695 du 7 septembre 1995
[17] Confère article 124 de la loi n° 95-695 du 7 septembre 1995

ii-1 *La pension du conjoint survivant*

➢ La pension du survivant des fonctionnaires et personnels civils de l'Etat

La pension de réversion du conjoint survivant est une allocation versée à l'époux ou à l'épouse d'un fonctionnaire décédé en activité ou à la retraite qui bénéficiait ou aurait pu bénéficier d'une pension de retraite ou d'une rente viagère[18].

- La pension de veuf : le veuf est la personne qui est mariée à la femme fonctionnaire ou agent de l'Etat au moment du décès de celle-ci. Le montant de votre pension de veuf est égal à 50 % de la pension d'ancienneté ou proportionnelle obtenue ou qu'aurait obtenue votre épouse le jour de son décès, augmenté, le cas échéant, de la moitié de la rente d'invalidité dont elle bénéficiait ou aurait pu bénéficier[19].

- La pension de la veuve : la veuve est la femme qui est mariée au fonctionnaire ou agent civil de l'Etat au moment de son décès. Toutefois, la femme qui a gagné son divorce contre un fonctionnaire et agent civil de l'Etat peut bénéficier de la pension de veuve. La pension de réversion de veuve est égale à 50 % de la pension d'ancienneté ou proportionnelle de votre époux décédé et augmentée éventuellement de 50 % de la rente d'invalidité dont il aurait bénéficié.

➢ La pension du conjoint survivant des militaires, gendarmes ou policiers

Le conjoint survivant (le veuf ou la veuve) est la personne qui est mariée au militaire, gendarme ou policier au moment de décès.

La seule condition exigée est le mariage célébré devant un officier de l'état civil.

Le conjoint survivant a droit à 50 % de la pension de retraite, de la solde de réforme et de la pension d'invalidité du militaire, gendarme ou policier[20].

---

[18] Mamadou YOU, Hélène DIARRA, Yapi BEDA, Eugène NIANKAN. <u>Comment préparer sa retraite pour mieux la vivre</u>. Abidjan : CGRAE, janvier 2005, p. 122.
[19] Confère article 27 du décret n° 52-557 du 16 mai 1952
[20] Confère article 85 alinéa 1 du décret n° 2004-569 du 21 octobre2004

ii-2 *La pension des orphelins mineurs*

➢ La pension des orphelins mineurs des fonctionnaires et personnels civils de l'Etat

Le droit à pension temporaire d'orphelin est acquis, avec jouissance immédiate, si vous êtes un enfant légitime ou un enfant naturel légalement reconnu né avant la cessation d'activité de votre père fonctionnaire ou agent civil de l'Etat ou si votre père fonctionnaire ou agent civil de l'Etat bénéficie ou aurait pu bénéficier d'une pension de retraite, même à jouissance différée.

Chaque orphelin mineur a droit à 10 % de la pension de son père fonctionnaire ou agent civil de l'Etat augmenté, le cas échéant, de 10 % de la rente d'invalidité dont il bénéficiait. La pension est payée jusqu'à l'âge de vingt et un (21) ans.

Le droit à pension temporaire d'orphelin est acquis, avec jouissance immédiate, si l'orphelin est un enfant légitime, naturel ou adoptif âgé de moins de vingt et un (21) ans dont la filiation est légalement établie à l'égard du militaire, gendarme ou policier.

➢ La pension des orphelins mineurs des militaires, gendarmes ou policiers

La pension d'orphelin mineur est fixée à 50 % de la pension de retraite, de la solde de réforme et de la pension d'invalidité du militaire, gendarme ou policier. La pension est payée jusqu'à l'âge de vingt et un (21) ans. C'est pourquoi, on l'appelle aussi pension temporaire d'orphelin mineur. Toutefois, pour les enfants atteints d'une maladie ou infirmité les rendant inaptes à tout travail leur procurant gain ou profit, la pension d'orphelin est viagère, c'est-à-dire qu'elle leur est versée pendant toute leur vie ou jusqu'à guérison de leur handicap.

ii-3 *La pension des ascendants*

La pension de réversion des ascendants est une particularité du régime des pensions militaires institué par la loi n°95-695 du 7 septembre 1995. Cette loi dispose en son article 174 que : « A défaut de conjoint survivant, d'orphelins mineurs ou d'orphelins majeurs assimilés, la réversion des pensions du militaire est effectuée, à parts égales, au profit des ascendants du premier degré ou, à défaut, des adoptants ». La pension de réversion des ascendants du premier degré (père et/ ou mère) est égale à 50 % de la pension de retraite, de la solde de réforme et de la pension d'invalidité du militaire, gendarme ou policier[21].

(iii) *les prestations en cas d'accident de travail ou de maladies professionnelles*

Ces prestations sont au nombre de trois : la rente d'invalidité, la pension d'invalidité, la pension d'invalidité des personnalités. Les pensions, allocations et rentes d'invalidité sont des sommes d'argent versées aux personnes qui, du fait d'une invalidité, cessent de subvenir, par leur travail, à leurs besoins.

iii-1 *Les pensions d'invalidité des militaires, gendarmes ou policiers*

Les pensions d'invalidité des militaires, gendarmes ou policiers se définissent comme des allocations personnelles attribuées à titre temporaire ou définitif au militaire, gendarme ou policier devenu invalide par suite de blessures ou de maladies du fait ou à l'occasion du service.

Le droit à pension d'invalidité est acquis après avis de la commission de réforme. Lorsque le militaire, gendarme ou policier est victime de plusieurs infirmités dont l'une ouvre droit à la pension d'invalidité, celui-ci a droit à la pension d'invalidité pour l'ensemble de ses infirmités. Elle est temporaire lorsqu'il est atteint d'une invalidité temporaire. Elle est définitive lorsqu'il est atteint d'une invalidité reconnue définitive.

Le montant de la pension d'invalidité du militaire est arrêté à la fraction de sa solde afférente à l'indice minimum de son premier grade[22].

Quant à l'officier ou sous-officier, le montant de sa pension d'invalidité est arrêté à la fraction de son solde afférente à l'indice moyen de son grade[23].

A ce montant de base, peuvent s'ajouter diverses majorations et allocations spéciales. Ces majorations et allocations spéciales concernent surtout les grands mutilés de guerre, aux grands mutilés et aux grands invalides.

---

[21] Confère article 89 du décret n°2004-569 du 21 octobre 2004
[22] Confère article 134 de la loi n° 95-695 du 7 septembre 1995
[23] Confère article 134 de la loi n° 95-695 du 7 septembre 1995

iii-2 La rente viagère d'invalidité des fonctionnaires civils

Pour bénéficier de la rente viagère, les fonctionnaires civils doivent remplir deux conditions cumulatives : la condition d'invalidité définitive et la condition de cotisation à la CGRAE.

Ne peut bénéficier de la condition d'invalidité définitive que tout fonctionnaire qui est dans l'impossibilité définitive et absolue de continuer ses fonctions par suite d'infirmité résultant de blessures ou de maladies contractées ou aggravées, soit en service, soit en accomplissant un acte de dévouement dans un intérêt public, soit en exposant ses jours pour sauver la vie d'une ou plusieurs personnes.

La condition de cotisation : Le fonctionnaire civil doit avoir cotisé à la CGRAE 18 % de son traitement de base dont 6 % directement sont prélevés sur son revenu et 12 % payés par son employeur.

Le montant de la rente d'invalidité du fonctionnaire civil est fixé à la fraction du traitement de base afférent à l'indice minimum du corps auquel il appartient, égale à la fraction de votre invalidité.

iii-3 L'allocation temporaire d'invalidité des agents civils[24] de l'Etat

Cette allocation est une réparation pécuniaire accordée aux agents civils de l'Etat en cas de maladies contractées en service ou accidents survenus dans l'exercice de leurs fonctions.

Pour bénéficier de l'allocation temporaire d'invalidité des agents de l'Etat, l'agent civil doit remplir deux conditions cumulatives : la condition d'invalidité et la condition de cotisation à la CGRAE.

La condition d'invalidité : l'agent de l'Etat doit être atteint d'une invalidité résultant, soit d'un accident de service (accident survenu par le fait ou à l'occasion du service ou pendant les voyages dont les frais sont à la charge de l'Etat) ayant entraîné une incapacité permanente, soit d'une maladie d'origine professionnelle. Cette allocation n'est par réversible en cas de décès.

---

[24] Sont considérés comme agent civil de l'Etat l'ancien président de la république, l'ancien président ou membre d'institutions, l'ancien ministre ou assimilé, l'ancien ambassadeur ...)

La condition de cotisation : l'agent civil doit avoir cotisé à la CGRAE 18 % de son traitement de base dont 6 % directement sont prélevés sur son revenu et 12 % payés par votre employeur.

Le montant de l'allocation temporaire d'invalidité de l'agent civil de l'Etat est fixé à la fraction du traitement brut afférent à l'indice minimum du corps auquel il appartient. Ce montant de l'allocation est égal à la fraction d'invalidité, sans excéder 50 % du traitement de base[25] de l'agent civil de l'Etat.

(iv) **_Le remboursement des cotisations 6 %_**

C'est le reversement des cotisations de 6 % effectivement prélevées sur le traitement de base mensuel du fonctionnaire ou agent de l'Etat qui cesse ses fonctions avant d'obtenir une pension ou une rente d'invalidité (cf.art.34 de la loi n° 62-405 du 07 novembre 1962, portant organisation du régime des pensions civiles).

II-2-2 L'assistance publique

L'assistance publique est fondée sur la solidarité nationale et financée généralement par les impôts. Elle consiste à assurer des prestations minimales, en espèces ou en nature, à des personnes indigentes, sans conditions de ressources ou de cotisations préalables

(revenu minimum d'insertion, allocation pour adulte handicapé, gratuité des soins de santé…). Dans l'assistance, il n'y a aucun lien entre l'aide reçue et l'effort contributif.

Dans ces conditions, la situation des bénéficiaires va dépendre pour beaucoup, des moyens disponibles et des critères d'octroi définis par l'autorité.

Sont classées dans cette catégorie les prestations versées sous conditions de ressources et non de cotisations préalables. Il s'agit notamment du capital décès. La concession du capital décès est une mesure gracieuse. Le capital décès est une « allocation pécuniaire accordée aux ayants cause (conjoint, enfants mineurs, ou, le cas échéant, père et/ou mère

---

[25] Confère article 3 du décret n° 68-82 du 9 février 1968

(ascendants du premier degré)) d'un fonctionnaire ou agent de l'Etat décédé en activité[26]. Son montant est égal au dernier traitement annuel de base du fonctionnaire ou agent de l'Etat majoré de vingt mille francs (20 000 F CFA) par enfant mineur.

En outre, le conseil d'administration de la CGRAE a mis en œuvre différentes actions d'assistance sociale. Ce sont l'organisation des visites aux pensionnés malades ; l'humanisation de l'accueil des retraités et des conditions de paiement des pensions ; la construction d'une infirmerie équipée d'un laboratoire, auxquels ont droit les pensionnés et leur famille, les soins et les consultations sont gratuits ; l'institution d'une « avance pour frais scolaire » ; l'offre d'emplois temporaires à des retraités encore valides, pour effectuer des travaux saisonniers moyennant rémunération ; l'intervention auprès des sociétés immobilières (SICOGI, SOGEFIHA, SOGEPIE…), en cas de litiges avec des retraités, pour faciliter l'acquisition définitive de leur propriété, en se portant garant et en proposant des modalités de paiements, afin d'éviter que des retraités se fassent expulsés de leur habitation. Toutefois les retraités vivent encore dans des conditions difficiles.

En effet l'entretien semi-dirigé que nous avons mené avec les assurés de la CGRAE en vue d'évaluer l'aide sociale a révélé que :

les retraités ne bénéficient d'aucun système de prévoyance obsèques, système qui pourrait assurer une sécurité financière et un soutien au proche du défunt ;

le prêt "contribution pour frais de scolarité" est le seul prêt social en vigueur ;

les retraités ne bénéficient d'aucune assistance judiciaire de la part de la CGRAE ;

les retraités n'ont aucun espace de détente et de rencontre ;

la CGRAE n'a aucun service d'écoute et de prise en charge psycho-sociale du retraité. Aucun centre hospitalo-universitaire de gériatrie et de gérontologie n'existe ;

les retraités ne sont pas suffisamment écoutés et conseillés par la CGRAE. En effet, aucun service de téléassistance n'est ouvert à la CGRAE.

---

[26] Mamadou YOU, Hélène DIARRA, Yapi BEDA, Eugène NIANKAN. Comment préparer sa retraite pour mieux la vivre. Abidjan : CGRAE, janvier 2005, p. 114.

II-3 Les principaux chiffres de la caisse

II-3-1 Les populations couvertes

II-3-1-1 Les actifs

Les effectifs de fonctionnaires passent de 110 215 à près de 135 086 personnes entre 2004 et 2007, soit un taux de croissance de la population des actifs de +22,57 % (5,2 % en rythme annuel).

Graphique 2 : Evolution du nombre de fonctionnaires couverts (2004-2007)

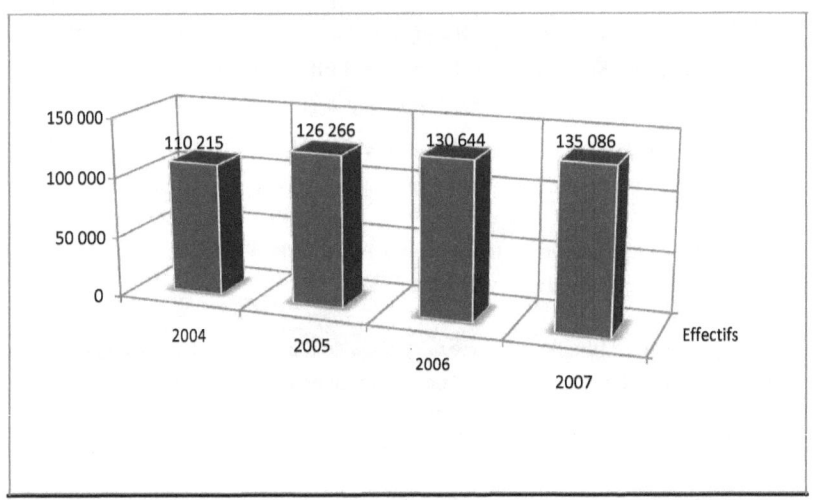

Source : ACTUARIA. Etude actuarielle de la caisse générale de retraite des agents de l'Etat. 9 avril 2008, p. 16

II-3-1-2 Les pensionnés

Le nombre de prestations servies augmente globalement de 38 % sur 6 ans soit un taux annuel de 5,48 %. La population spécifique des retraités augmente quant à elle de +33,90 % soit un taux annuel de 4,99 % sur 6 années.

Graphique 3 : Evolution du nombre de pensions directes émises par la CGRAE (2002-2007)

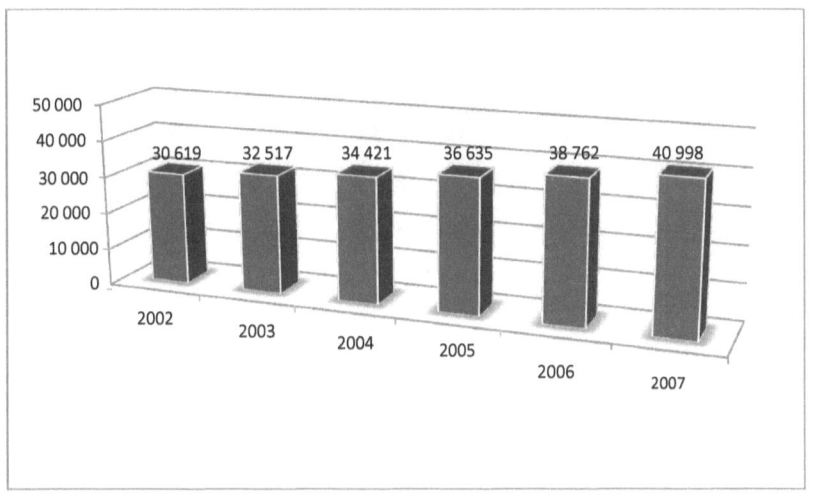

Source : ACTUARIA. Etude actuarielle de la caisse générale de retraite des agents de l'Etat. 9 avril 2008, p. 17.

- **Les veuves et veufs**

Le nombre de prestations pour veuves et veufs augmente de +48,65 % soit un taux annuel de 6,83 % sur 6 années.

<u>Graphique 4</u> : Evolution du nombre de prestations de veuves et veufs émises par la CGRAE (2002-2007)

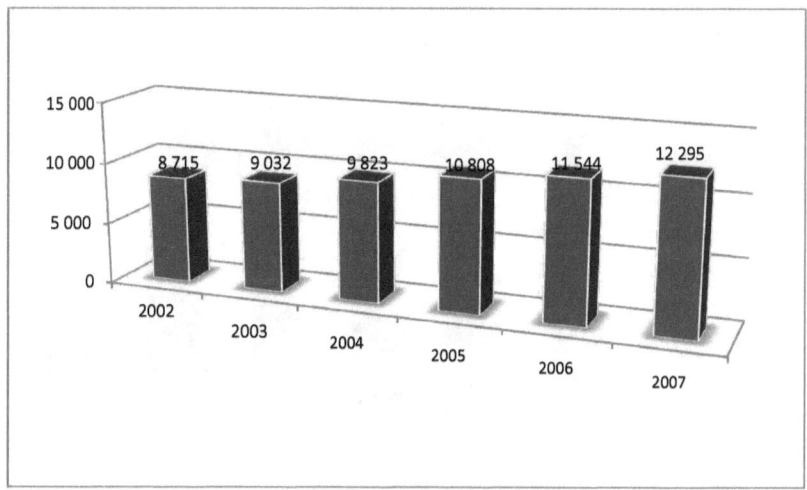

Source : ACTUARIA. Etude actuarielle de la caisse générale de retraite des agents de l'Etat. 9 avril 2008, p. 17.

- **Les orphelins**

Le nombre de prestations pour orphelins croît de +41,08 % soit un taux de croissance annuel 5,90 %.

Graphique 5 : Evolution du nombre de prestations pour orphelins émises par la CGRAE (2002-2007)

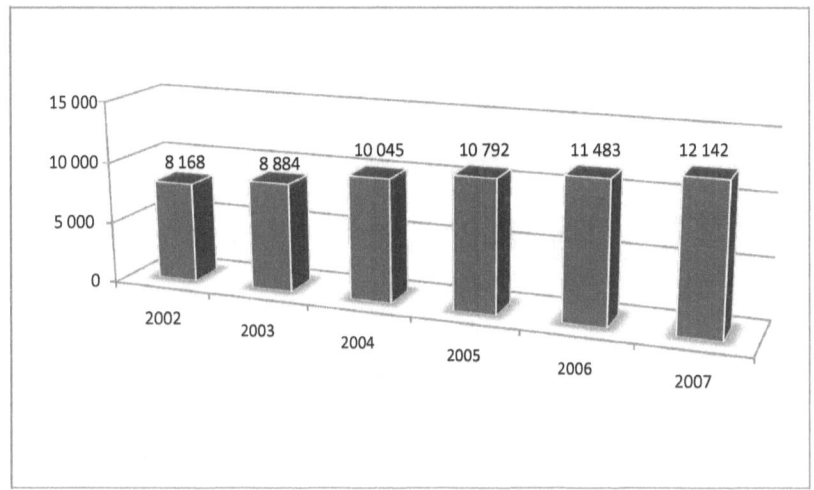

Source : ACTUARIA. Etude actuarielle de la caisse générale de retraite des agents de l'Etat. 9 avril 2008, p. 18

II-3-1-3 Le ratio de dépendance démographique

Les ratios de dépendance démographique, après une amélioration en 2003 (du fait de l'intégration brute de près de 16 000 nouveaux fonctionnaires notamment entre 2002 et 2007), recommencent à nouveau à se dégrader avec un ratio de prise en charge de 3,89 actifs pour un retraité…

<u>Graphique 6</u> : Ratio démographique "nombre d'actifs pour un retraité"

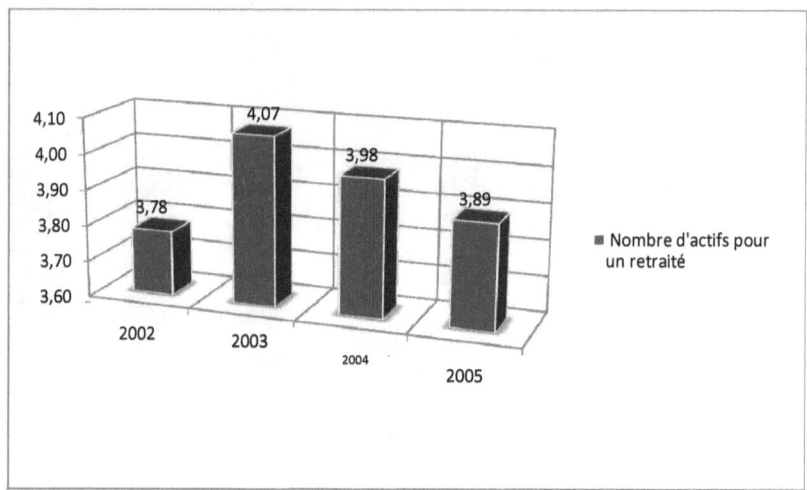

Source : ACTUARIA. <u>Etude actuarielle de la caisse générale de retraite des agents de l'Etat</u>. 9 avril 2008, p. 18.

... et de 2,44 pensionnés pour un actif.

Graphique 7 : Ratio démographique "nombre d'actifs pour un pensionné"

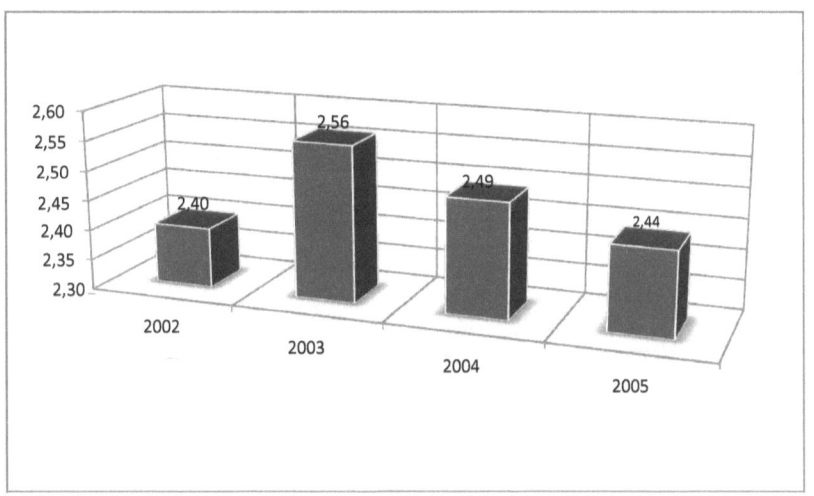

Source : ACTUARIA. Etude actuarielle de la caisse générale de retraite des agents de l'Etat. 9 avril 2008, p.18

On le voit, tous les indicateurs de charges de la CGRAE, aussi bien en nombres qu'en montant, se détériorent inexorablement.

II-3-2 Les données financières

La conséquence de toutes les évolutions passées est que les dépenses techniques du régime ont très fortement progressé sur la période avec une hausse de 35,74 % soit une hausse de près de 5,2 % par an.

Graphique 8 : Evolution des dépenses techniques de la CGRAE (2001-2006)

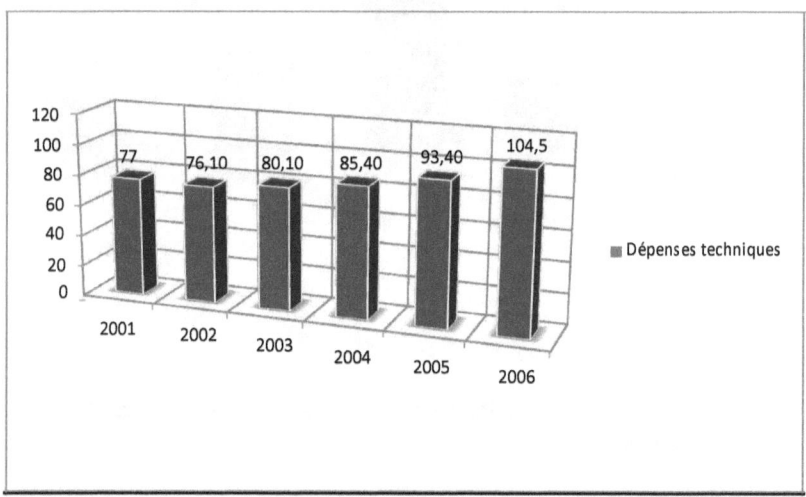

Source : ACTUARIA. Etude actuarielle de la caisse générale de retraie des agents de l'Etat. 9 avril 2008, p. 19.

Dans le même temps, les recettes ont à peine augmenté de 1,23 % sur la période 2002-2007 soit une hausse moyenne annuelle quasi nulle.

<u>Graphique 9</u> : Evolution des recettes de la CGRAE (2001-2006)

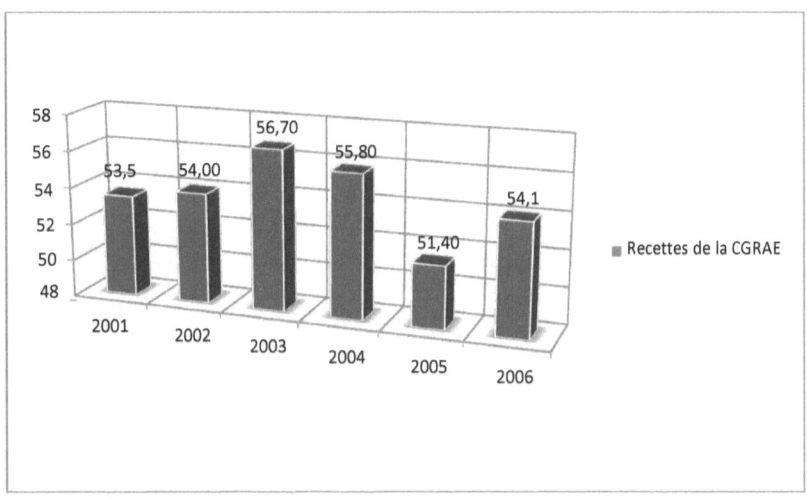

Source : Direction financière et comptable de la CGRAE

La conséquence est une dégradation importante de la situation de la caisse sur la période 2001-2007 avec un solde financier déficitaire du régime qui passe de près de 24 milliards de F CFA en 2001 à plus de 50 milliards de F CFA en 2007 soit un doublement sur 6 ans.

Graphique 10 : Evolution du solde technique de la CGRAE (2001-2006)

	2001	2002	2003	2004	2005	2006
Solde technique de la CGRAE	-23,50	-22,10	-23,30	-29,60	-42,10	-50,4

Source : ACTUARIA. Etude actuarielle de la caisse générale de retraite des agents de l'Etat 9 avril 2008, p. 20

Conclusion partielle

Au terme de notre analyse, nous pouvons conclure que de nombreux retraités sont accablés par des problèmes économiques, sanitaires et psychologiques. Aussi, notre étude nous a-t-elle permis de constater que le régime de retraite en vigueur est inopérant. En effet, il est difficile pour la CGRAE de faire des placements avec les diverses prestations perçues sur le marché financier. Face à cette situation, il est impérieux de mener une réflexion approfondie sur les moyens de redynamisation de la politique de protection sociale et sur les recommandations nécessaire à l'assainissement du régime de retraite.

III- Propositions pour une politique de protection sociale renforcée en faveur des retraités du secteur public

Introduction

La protection sociale renferme l'ensemble des garanties et avantages sociaux institués dans le but de fournir une aide sous différentes formes, à toute la population, face aux risques sociaux et économiques auxquels elle est exposée.

En vue d'améliorer les conditions de vie des fonctionnaires à la retraite et d'assainir financièrement le régime de retraite ivoirien, nous élaborerons d'abord des propositions de réforme de la politique de protection sociale à l'égard des retraités, ensuite nous formulerons des recommandations pour assainir le régime de retraite.

III-1 Propositions au niveau de l'assurance social et de l'assistance publique

III-1-1 Au plan assurantiel

A l'issue de mes travaux, une proposition majeure se dégage. Il s'agit de l'amélioration du pouvoir d'achat du retraité. La politique de protection sociale doit maintenir ou améliorer le niveau de vie et le pouvoir d'achat du retraité face aux aléas économiques inflationnistes. Pour cela les actions suivantes sont nécessaires :

- prendre ou appliquer les dispositions règlementaires en matière de revalorisation des pensions dans le cadre de l'équilibre financier des régimes de retraite. Cette revalorisation peut être indexée soit sur l'évolution des salaires ou l'indice à la consommation ;
- créer des régimes de retraite complémentaires obligatoires par capitalisation. En effet, le système par répartition reste tributaire d'une part de l'évolution conjoncturelle et du marché de l'emploi, et d'autre part de l'évolution du rapport cotisant-retraité conditionné par les fluctuations démographiques. Il convient donc de combler les insuffisances des régimes de base gérés par répartition en les complétant par un second pilier financé selon le système de la

- capitalisation moins sensible à la problématique du renouvellement des générations ;
- prendre des mesures d'exonérations fiscales des pensions de retraite ;
- accorder des tarifs préférentiels aux retraités pour l'accès à certains services sociaux (logement, santé, transport …). Par exemple le transport en commun et les services sanitaires des centres universitaires hospitaliers pourraient être gratuits pour le retraité.
- améliorer le système par répartition actuelle, en faisant évoluer certains paramètres tels que l'âge de départ à la retraite, la durée de service minimum, le niveau de salaire soumis à cotisation, le déblocage des salaires … .

III-1-2 Au plan de l'assistance publique

Nous proposons au profit des retraités, l'institution par des dispositions légales, d'une politique d'assistance qui soit vigoureuse et adaptée à leurs besoins essentiels.

➢ Au plan administratif

Nous préconisons de :

- créer un observatoire national de la retraite, placé auprès du Ministère en charge des questions de protection sociale des retraités. Cet observatoire constituera une plateforme d'échanges et de règlement des problèmes économiques, sanitaires, sociaux et psychologiques qui accablent les retraités ;
- faire vulgariser par la CGRAE, à travers des guides remis gracieusement aux retraités, les textes législatifs et réglementaires régissant le régime de retraite des fonctionnaires, les actions d'assistance mises en œuvre en leur faveur, ainsi que les informations administratives concernant la constitution d'un dossier de retraite ;
- renforcer le service social de la CGRAE pour en faire un service d'écoute et de prise en charge psycho-sociale du retraité ; Nous proposons la téléassistance, les retraités pourront obtenir de l'aide ou du secours 24h sur 24, quel que soit le problème rencontré ;

- faciliter le rapprochement entre la CGRAE et ses usagers par une politique de déconcentration.

➤ Au plan économique

Les pensions de retraite étant encore très faibles pour la grande majorité des retraités, il conviendrait d'envisager en priorité, des mesures visant à l'amélioration de leur niveau de vie, notamment par la sauvegarde de leur pouvoir d'achat. Dans ce sens, nous préconisons :

- l'exonération de la pension de retraite, de tout impôt ;
- la création à la CGRAE, d'un fonds social vieillesse, fiancée par un prélèvement sur les cotisations de la branche retraite et qui pourrait être destiné à:
  - permettre à la CGRAE de renforcer sa politique d'assistance en faveur des retraités ;
  - encourager les retraités à initier des activités génératrices de revenus (prêts, subventions…) ;
  - assurer une assistance judiciaire aux retraités.

➤ Au plan sanitaire et social

Nous recommandons vivement :

- la création d'un centre hospitalo-universitaire de gériatrie et de gérontologie ;
- l'institution de la gratuité des consultations pour les retraités, dans les structures sanitaires publiques ;
- la création d'une émission radio télévisée destinée aux retraités et animée conjointement avec eux (sensibilisation des actifs à la préparation de la retraite, conditions de vie des retraités, informations diverses…) ;
- l'institution d'une journée nationale du retraité, sous l'égide du Ministère en charge des retraités, en vue d'exprimer chaque année, la reconnaissance de la nation (cérémonies de décoration, …) ;

- la création par la CGRAE, d'un centre aéré pour les retraités (détente, jeux, repos…) ;
- la prévoyance obsèques, cette garantie apportera à la famille du défunt une aide financière immédiate par le versement dans les 24 h du montant de la garantie souscrite.

III-2 Recommandations pour un régime de pension plus efficace

Le régime des pensions obligatoires de la CGRAE fait présentement face à une situation financière qui deviendra intenable si aucun changement n'est apporté. Des prestations généreuses combinées à un âge réel de retraite très bas vont entraîner pour les cotisants au régime (les agents de l'Etat ainsi que le gouvernement et les entreprises publiques à titre d'employeurs) un accroissement continu des charges nécessaires au soutien financier du régime. Des actions doivent donc être entreprises très rapidement afin d'assurer la santé financière du régime à moyen et à long terme.

Les dispositions actuelles du régime permettent la retraite à 55 ans après 15 années de service. En outre, un programme temporaire de départs volontaires permet aux personnes qui ont au moins quinze années de service de prendre une retraite (même avant 55 ans) calculée selon les crédits accumulés au moment de la retraite, sans réduction actuarielle en fonction de l'âge, ce qui constitue une mesure très avantageuse. Un décret de 1993 prévoit également la retraite obligatoire après 30 ans de service, peu importe l'âge de la personne.

Il est prévu que le nombre total de pensionnés (retraités, invalides et veuves) triplera d'ici 20 ans alors que le nombre d'assurés sera stationnaire compte tenu de la volonté du gouvernement de limiter la taille de la fonction publique. Le taux de cotisation actuel de 18 % n'est donc plus suffisant pour supporter les prestations sur une base courante. Et même malgré que le programme de départs volontaires a pris fin depuis 1999, le coût à long terme du régime atteint 57 % de la masse salariale.

III-2-1 Propositions de modifications

Ces mesures sont proposées afin de réduire les dépenses du régime ou pour augmenter ses revenus. L'adoption de mesures de ce type permettrait l'établissement d'un calendrier réaliste d'augmentation du taux de cotisation. Ces mesures sont les suivantes :

• *Augmentation de l'âge de la retraite*

Le scénario étudié consisterait à mettre fin à la retraite obligatoire après 30 ans de service dès 2008 et de relever ensuite l'âge normal de la retraite de 55 à 60 ans sur une période de dix ans (de 2008 à 2017). Ces mesures auraient pour effet de réduire la prime générale moyenne du régime de 47.6 % à 38.6 %. Un second scénario est présenté en vertu duquel l'âge normal de la retraite continue d'augmenter après 2017 pour atteindre 65 ans en 2032. Cette mesure réduit la prime générale moyenne du régime de 47.6 % à 36.4 %.

De manière à effectuer une transition graduelle entre les dispositions actuelles et celles proposées, il est suggéré de mettre en place les mécanismes pour rendre possible la retraite à un âge inférieur à l'âge normal mais en effectuant un ajustement actuariel (réduction de la pension en fonction de l'âge en début de paiement). Ces mesures de retraite flexible permettent de respecter les choix individuels tout en n'imposant pas de fardeau financier additionnel au régime.

• *Réduction du crédit annuel de pension*

Les pensions sont présentement calculées en utilisant un crédit de 2 % par année de service. Il est proposé de réduire le crédit annuel à 1.7 % pour les années de service effectuées à partir de 2008. Cette nouvelle formule, combinée à un relèvement de l'âge de la retraite de 55 à 60 ans, permettrait de conserver le même taux de remplacement global que celui qui est présentement offert par le régime. De plus, l'application de cette mesure aux années 2008 et suivantes permet une transition graduelle vers la nouvelle formule tout en ne remettant pas en cause les droits acquis des cotisants actuels.

• *Plafond imposé à la majoration pour famille nombreuse*
Il est proposé de limiter la majoration pour famille nombreuse à 20 % de la pension de base. Cela correspond à ce qui est offert présentement à un pensionné qui a quatre enfants. Cette mesure réduit de 9 % les dépenses du régime.

• *Révision du salaire de référence pour le calcul des pensions*
Au lieu d'utiliser le salaire de la personne au moment de la retraite comme base pour le calcul de la pension, il est proposé d'utiliser le salaire moyen des 5 années précédant la retraite. Cette mesure vise notamment à éviter une hausse des coûts qui peut résulter de la majoration des salaires juste avant l'âge d'admission à la retraite. Les économies engendrées par cette mesure n'ont pu être évaluées, mais cela s'inscrit dans une logique de saine gestion et ne peut qu'apporter des avantages financiers pour le régime.

III-2-2 Scénario de réforme et taux de cotisation recommandés

• *Remboursement de la dette par l'Etat*
Le montant correspondant aux cotisations non versées dans le passé par le gouvernement à titre d'employeur (estimées à 297 milliards de F CFA) devrait idéalement être déposé dès maintenant dans la caisse du régime. Cette réserve de départ pourrait être investie de manière productive de façon à générer des revenus de placement qui viendraient s'ajouter aux cotisations versées par les assurés et les employeurs et ainsi aider au soutien financier du régime. Toutefois, compte tenu des contraintes budgétaires du gouvernement, les discussions entre la CGRAE et la Direction Générale du Trésor concluent qu'il faudrait ramener le montant de cette dette à 91 milliards de F CFA. De plus, le remboursement de celle-ci doit être étalé sur un certain nombre d'années. Le scénario recommandé tient compte de ces contraintes.

• *Elargissement de l'assiette soumise à cotisation*
Une autre manière d'augmenter les revenus du régime est d'élargir la masse salariale soumise à cotisation. La rémunération des agents de l'Etat inclut une indemnité de résidence qui représente 15 % du salaire de base. L'inclusion de cette indemnité dans

l'assiette soumise à cotisation permettrait d'augmenter directement les revenus du régime de 15 %.

• *Scénario recommandé*

Des mesures de réduction des prestations combinées à un élargissement de l'assiette soumise à cotisation et au remboursement de la dette de l'Etat relative aux cotisations non versées avant 1998 permettraient de contenir les augmentations futures du taux de cotisation. Le scénario recommandé inclut les mesures suivantes:
- retraite à 60 ans (augmentation graduelle de 55 à 60 ans entre 2008 à 2017) ;
- crédit annuel de pension à 1.7 % pour les années de service accomplies à partir de 2008 ;
- plafond imposé à la majoration pour famille nombreuse (20 %) ;
- pensions calculées sur la base du salaire moyen des 5 dernières années ;
- créance à recouvrer : 91 milliards de F CFA ;
- assiette soumise à cotisation incluant l'indemnité de résidence.

L'adoption de ces mesures permettrait de limiter le taux ultime de cotisation à 32 %, comparativement aux 57 % nécessaires si aucun changement n'est apporté.

Année	Taux de cotisation
2005-2008	18 %
2009-2011	23 %
2012-2014	26 %
2015-2017	29 %
2017 et après	32 %

Ce taux de cotisation ultime de 32 % demeure tout de même très élevé au regard de la capacité des travailleurs et des employeurs à financer le régime. Le gouvernement devrait donc dès maintenant engager des discussions avec les groupes intéressés et considérer la possibilité de continuer le relèvement de l'âge de la retraite après 2017 pour atteindre graduellement 65 ans et ainsi ramener le taux de cotisation à long terme du régime sous la barre des 30 %.

Conclusion partielle

La prise en compte de nos propositions nous le pensons, pourront contribuer fortement à l'amélioration des conditions de vie des retraités du secteur public. D'ailleurs, nous avons fait ces propositions à la Direction de la planification et du développement de la CGRAE afin qu'elle puisse concevoir des projets dans le court, moyen et long terme de sorte que les agents de l'Etat puisse mieux vivre leur retraite.

L'adoption des recommandations portant sur la réforme du régime de retraite permet une augmentation future du taux de cotisation à 32 %. Il faut noter que l'augmentation du taux de cotisation devrait idéalement intervenir immédiatement, mais qu'à cause des contraintes budgétaires du gouvernement et du temps nécessaire aux négociations avec les syndicats de travailleurs impliqués, la première hausse du taux de cotisation peut-être prévue pour le second semestre 2009.

Conclusion générale

Au total, nous notons l'inexistence d'une véritable politique de protection sociale en faveur des retraités du secteur public en Côte d'Ivoire. En effet, les différents choix opérés par l'Etat à travers la CGRAE dans le but de mettre en place cette politique se sont très vite révélés inopérants.

Face à la cherté de la vie, avec son cortège de pauvreté et de précarité sociale, il serait opportun pour l'Etat de construire une politique de protection sociale de sorte à assurer aux retraités, considérés à juste titre comme le maillon faible du système, une protection sociale hardie, à travers des dispositions légales qui tiennent compte des propositions faites dans ce mémoire.

Nous retenons que le régime de pension en vigueur est en très mauvaise "santé financière".

En effet, l'effectif des retraités est de plus en plus croissant par rapport au nombre d'actif : ratio de prise en charge d'un pensionné par 2,44 actifs alors que la norme pour une santé financière du régime est de 4 à 5 actifs pour un bénéficiaire.

Face donc au nombre croissant de pensionnés (retraités, invalides, veuves et veufs), nous exhortons la CGRAE à entreprendre des négociations avec le gouvernement afin que des actions vigoureuses soient entreprises pour lui permettre d'assumer ses responsabilités. En effet, les régimes de retraite ont deux grandes responsabilités. Le premier est de redistribuer les revenus vers les retraités modestes et d'empêcher le dénuement chez les personnes âgées. Le deuxième est d'aider les travailleurs à maintenir un certain niveau de vie pendant la retraite en remplaçant le revenu du travail dans une proportion suffisante

BIBLIOGRAPHIE

LIVRE

KINGS (J.), TURKISCH (E.), MANNING (N.).- *Les régimes de retraite du secteur public et le défi du vieillissement de la fonction publique*. - Document de travail 2.- Paris : OCDE, Juin 2007, 39 p.

YOU (M.), DIARRA (H.), YAPI (B.), NIANKAN (E.).- *Comment préparer sa retraite pour mieux la vivre*.- 1ère éd.- Abidjan, Janvier 2005, 149 p.

ARTICLES DE PRESSE ET DOSSIERS THEMATIQUES

BAMBA (K.).- « *Quelle politique sociale en faveur des retraités du secteur public en Côte d'Ivoire ?* ».- Grand Bassam : Juillet 2008, p. 1-10.

SITES INTERNET CONSULTES

Wikipedia. (Page consultée le 10 septembre 2008). fr.wikipedia.org/wiki/Caisse_générale_de_retraite_des_agents_de_l'État_(Côte d'Ivoire)

YEDAN Francis. (Page consultée le 12 septembre 2008). *Blog actualité de M. Yedan*, francisyedan.centerblog.net/5527588-Retraite-en-Cote-d-Ivoire-Des-raisons-d-esperer

African Development Information Services. (Page consultée le 05 septembre 2008). www.afdevinfo.com/htmlreports/org/org_63567.html

GLOSSAIRE

Age normal de la retraite : âge ouvrant droit au bénéfice des *prestations* de pension.

Agent civil de l'Etat : ancien Président de la République, ancien Président ou membre d'Institutions, ancien Ministre ou assimilé, ancien Ambassadeur, agent temporaire… .

Agent temporaire : se définit comme un agent travaillant ou ayant travaillé pour le compte de l'Etat ou de ses démembrements sans avoir le statut de fonctionnaire.

Ayants cause : peut-être les ascendants ou les descendants ou le conjoint survivant.

Base de cotisation : salaire de référence retenu pour calculer la *cotisation*.

Caisse de retraite est une institution financière, publique ou privée qui reçoit des cotisations, à titre obligatoire ou facultatif, qui servent à alimenter, des versements de retraite des salariés ou de travailleurs indépendants, en utilisant un procédé de capitalisation ou de répartition. On parle de caisse primaire pour le régime de base et de caisse complémentaire pour les prestations au-delà de ce régime.

Cotisation : versement au profit d'un *plan de pension* effectué par le promoteur du plan ou par un adhérent.

Employé(s) du secteur public : employés travaillant dans des organismes appartenant au *secteur public*. Ce terme désigne un groupe d'employés plus large que le mot « fonctionnaire », tel qu'il est utilisé dans de nombreux pays membres de l'OCDE. Par exemple, les enseignants et les docteurs travaillant dans des écoles et des établissements de santé ne sont pas forcément des « fonctionnaires », mais ils font partie du secteur public s'ils sont employés par des organismes financés par des administrations centrales, des Etats ou des collectivités locales.

Fonctionnaire : Personne travaillant dans la fonction publique. En effet, la fonction publique désigne un ensemble de personnes travaillant, sous certaines juridictions ou dans un cadre intergouvernemental, au sein des administrations publiques.

Fonds de pension : désigne le regroupement des actifs, formant une entité légale indépendante, acquis grâce *aux cotisations à un plan de retraite* dans le but unique de financer les *prestations du plan de retraite*. Les adhérents au plan/fonds ont un droit légal ou un droit de jouissance ou une autre forme de créance contractuelle sur les actifs du fonds de pension.

Indexation : mode de revalorisation des *prestations* de pension appliqué pour tenir compte de l'évolution du coût de la vie (évolution des prix et/ou salaires).

Plan de retraite : un plan (arrangement ou dispositif) de retraite (ou revenu de retraite) est un contrat juridiquement contraignant qui a expressément pour objectif le financement de la retraite - pour satisfaire aux règles fiscales ou aux dispositions du contrat –les *prestations* ne peuvent être versées ou, à tout le moins, ne peuvent être versées sans subir une décote importante si le bénéficiaire n'a pas atteint l'âge légal de la retraite. Ce contrat peut être un élément d'un contrat plus vaste ; il peut être explicité dans les règles ou documents du plan ou il peut être imposé par la loi. Les éléments du plan de retraite peuvent être mandatés par la loi ou les statuts ou fixés comme condition préalable à un traitement fiscal spécifique, comme c'est le cas pour de nombreux crédits d'impôt conditionnels ou programmes de retraite conçus pour fournir aux adhérents et bénéficiaires du plan un revenu après le départ en retraite. En plus d'avoir explicitement pour objectif le financement de la retraite, ces *plans de retraite* peuvent offrir des *prestations* additionnelles, comme des *prestations* pour invalidité, maladie ou réversion.

Prestation(s) : versement(s) effectué(s) au profit d'un membre d'un *fonds de pension* (ou de ses ayants droit) après le départ à la retraite.

Promoteur du plan de retraite : institution qui conçoit, négocie et normalement aide à administrer un plan de retraite professionnel pour ses salariés ou ses membres. Il peut s'agir de l'État, en tant qu'employeur, ou d'un ministère, agence ou organisme régional ou local particulier.

Protection sociale désigne tous les mécanismes de prévoyance collective qui permettent aux individus ou aux ménages de faire face financièrement aux conséquences des risques sociaux. Il s'agit de situations pouvant provoquer une baisse des ressources ou une hausse des dépenses (vieillesse, maladie invalidité, chômage …).

Régime national : dispositif de retraite exigé par les lois ou réglementations nationales et garanti par l'État. Les lois ou réglementations déterminent les dispositifs de gouvernance et les paramètres clés pour tous les régimes de retraite liés à l'emploi. Certains pays ont en outre instauré des retraites minimales. Les retraites de la fonction publique peuvent faire partie du « régime national » et, dans ces cas-là, il n'existe pas de disposition spéciale en matière de retraite pour ce type de personnel, même si les fonctionnaires ont par ailleurs un statut juridique distinct.

Retraite, est le fait de se retirer de la vie professionnelle sous certaines conditions d'âge, de durée d'exercice...

Retraite anticipée : cas où une personne décide de partir à la retraite plus tôt et de commencer à percevoir des *prestations* avant *l'âge normal de la retraite*.

Retraite différée : cas dans lequel une personne décide de partir après *l'âge normal de la retraite*.

Secteur public : le concept de *secteur public* varie selon les pays. Aux fins de ce questionnaire, le *secteur public* inclut tous les organismes financés sur fonds publics, soit directement par l'État, soit sur la base des affectations budgétaires des pouvoirs publics centraux, des Etats ou locaux. Le *secteur public* couvre tous les échelons des pouvoirs publics, qui peuvent varier d'un pays à l'autre. Il peut donc englober une partie ou la totalité des échelons des pouvoirs centraux, des Etats ou locaux. Le *secteur public* inclut aussi les établissements publics, où l'État a un intérêt financier dominant ou de contrôle, quelle que soit leur forme (entreprises publiques et sociétés publiques).

Suspension provisoire des cotisations : période durant laquelle le versement des *cotisations* au régime de pension est suspendu, le plus souvent en raison d'une situation de surcapitalisation.

Taux d'accumulation : fraction de sa *rémunération* que l'adhérent à un plan à prestations définies acquiert pour chaque année de service. Le *taux d'accumulation* est exprimé en pourcentage de la *base de cotisation*.

Taux de cotisation : montant (généralement exprimé en pourcentage de la *base de cotisation*) qui doit être versé sur le fonds de pension.

Taux de remplacement : rapport entre la pension (moyenne) d'un individu (ou d'une population donnée) et le revenu (moyen) à une certaine date.

Titulaire de droits différés : adhérent à un *plan de pension* qui ne verse plus de cotisations et n'accumule plus de *droits* dans le cadre du plan mais qui n'a pas encore commencé à percevoir des *prestations* du plan.

Oui, je veux morebooks!

I want morebooks!

Buy your books fast and straightforward online - at one of the world's fastest growing online book stores! Environmentally sound due to Print-on-Demand technologies.

Buy your books online at

www.get-morebooks.com

Achetez vos livres en ligne, vite et bien, sur l'une des librairies en ligne les plus performantes au monde!
En protégeant nos ressources et notre environnement grâce à l'impression à la demande.

La librairie en ligne pour acheter plus vite
www.morebooks.fr

OmniScriptum Marketing DEU GmbH
Heinrich-Böcking-Str. 6-8
D - 66121 Saarbrücken
Telefax: +49 681 93 81 567-9

info@omniscriptum.com
www.omniscriptum.com

www.ingramcontent.com/pod-product-compliance
Lightning Source LLC
Chambersburg PA
CBHW031715230426
43668CB00006B/221